BATNA

(ALGÉRIE)

Par JEAN PÉRÈS

Maire de la Ville de Batna

ET

EUGÈNE DELESSERT

(D'ALGER)

PARIS

IMPRIMERIE Vᵉ ÉTHIOU-PÉROU

RUE DAMIETTE, 2 ET 4

1875

BATNA

Nous allons donner un aperçu des richesses de toutes natures que renferme la subdivision de Batna, richesses immenses qui réclament impérieusement des moyens de transport rapides, que la voie ferrée seule peut nous donner.

Ce simple aperçu, comprenant le coût de la voie ferrée et son rapport après son entière organisation, suffira pour démontrer l'utilité urgente de la prompte construction d'une ligne, assurée, à l'avance, d'un plein succès.

ALFAS

Commençons par les alfas.

L'alfa est un textile appelé à un grand avenir, comme le prouve surabondamment la consommation considérable et toujours croissante qui s'en fait chaque année. Celui de nos contrées, d'une qualité supérieure, soit comme longueur, soit comme nature, est bien nourri; le dégommage en est facile et donne peu de déchet; après avoir été travaillé, c'est-à-dire après avoir subi les préparations premières, il laisse une filasse douce, souple et prenant bien toutes les couleurs; aussi peut-il servir à tout. Il peut être employé, soit pour la confection des étoffes, soit pour celle des tapis, soit pour la vannerie, la chapellerie ou la corderie. Réduit en pâte, il peut servir à faire des papiers de toutes espèces et de toutes couleurs, servir de macadam pour trottoirs. Compressé au 500,000 kilogrammes, il peut servir à faire des portes d'une seule pièce, des croisées et une quantité d'autres objets. Mélangé avec du goudron, il peut servir à faire des bateaux résistant à l'eau plus que le bois, plus que le fer même. Enfin, donner le détail de tout ce que l'on peut faire avec l'alfa serait trop long; de nouvelles découvertes se faisant tous les jours sur l'emploi avantageux de cette riche plante.

La subdivision de Batna possède 685,000 hectares d'alfa, dont voici le détail :

1° Au lieu dit le Kasserou, à 4 kilomètres environ de Batna, 2,000 hectares d'alfa assez maigres, ci 2.000

2° Aux Ouled-Cheleh, à 8 ou 10 kilomètres de Batna, environ 3,000 hectares, dont une partie assez garnie et l'autre claire, ci 3.000

3° Aïn-Drin, en suivant la montagne de 12 à 20 kilomètres de Batna, on trouve un terrain ne produisant que de l'alfa de très-beau choix, d'une longueur moyenne; il est à brins très-fins et nerveux; il est très-estimé par les Arabes. Il y en a une contenance d'environ 12,000 hectares, ci. .   12.000

A reporter . . .   17.000

Report 17.000

4° Le tribu des Lakbar commence à Aïn-Touta, village nouvellement créé par le Gouvernement et situé à 28 kilomètres de Batna ; elle ne possède, sur une longueur de 15 à 18 kilomètres, que de l'alfa de premier choix et très-serré, d'un accès facile, longeant en grande partie la route de Biskra. On peut estimer la contenance de cette tribu, en alfa, à environ 125,000 hectares, ci.   125.000

5° Les Beni-Maafa et les Beni-Ferra se trouvent à environ 40 ou 50 kilomètres de Batna, et possèdent près de 70,000 hectares d'alfa magnifique ; on en a trouvé qui atteignait 1^m20 de longueur ; l'exploitation en est facile, ayant une belle route pour y arriver, ci. 70.000

6° Les Sidi-Yaya partent d'El-Ksour jusqu'à 3 kilomètres de Batna et possèdent environ 14,000 hectares d'alfa, dont moitié donne sur l'Oued-Fedallah et l'autre moitié sur la route de Biskra à Batna. Ce dernier n'est pas très-beau ; mais le premier est très-joli et pourra se porter à Batna, ci.   14.000

7° Le Bouarif va de Batna à Chemora, et possède environ 15,000 hectares d'alfa très-beau, ci. 15.000

8° La grande contrée des Amam Trégretin ne possède que de l'alfa. Constantine vient s'y approvisionner à cause de sa belle qualité et de sa longueur ; sa contenance est d'environ 8,000 hectares, ci.   8.000

A reporter . . .   249.000

Report. 249.000

9° Sur la même ligne, et vers le Sud, on verrait aux montagnes de Traïbad; on y trouve de grands espaces d'alfa, longeant la route de Krenchela à Batna, sur une longueur de 20 à 30 kilomètres. On évalue à 12,000 hectares sa contenance d'alfa, ci., ... 12.000

10° Les tribus des Ouled-Sellem et des Ouled-Bouaoun se trouvent au Nord-Ouest de Batna et bordent la route de Constantine à Batna; elles ont une contenance d'alfa d'environ 130,000 hectares, ci 130.000

11° La tribu des Haracta, d'El-Madher, se trouve au Nord-Est de Batna, à une distance d'environ 5 à 6 kilomètres du passage de la voie ferrée projetée, et possède 10,000 hectares d'alfa pouvant être exploités, ci. 10.000

D'après l'énumération ci-dessus, 401,000 hectares d'alfa sont signalés dans la subdivision de Batna, et tous d'une exploitation facile, ci. . . 401.000

Outre les 401,000 hectares dont nous venons de parler, et qui sont tous assez près de Batna, il en existe encore, toujours dans la subdivision de Batna. Mais dans le cercle de Krenchela, il y en a près de 300,000 hectares; mais trop éloignés ponr permettre qu'ils ne soient de longtemps exploités. En voici le détail :

Le cercle de Krenchela embrasse les tribus dont les noms suivent : les Kif, les Amardra, les Smandes, les Djebel-Messoula, les Djebel-Amar, les Djebel-Merzezoun , les Djebel-Tafrent. Toutes ces tribunes contiennent de l'alfa de très-beau choix, comme longueur et qualité ; elles en possèdent environ 141,000 hectares, ci 141.000

Au sud de Krenchela et en s'étendant jusqu'à Tébessa, on trouve encore une grande quantité d'alfa de bonne qualité, que l'on peut estimer à 143,000 hectares, ci 143.000

TOTAL 284.000

Ces 284,000 hectares d'alfa auront leur exploitation à leur tour. Ils sont trop éloignés maintenant pour permettre à cette marchandise de supporter les frais de transport qui, en raison du manque presque total de communication, sont très-élevés. Mais que la voie ferrée s'établisse jusqu'à Batna, et aussitôt on verra se créer immédiatement des routes et des chemins carrossables, et les grandes distances disparaîtront par le fait qu'elles ne seront plus un obstacle à une exploitation rendue facile par le transport rapide et peu coûteux du chemin de fer.

Tous ces chiffres d'alfa, énumérés par tribus, n'ont pas été pris au hasard, comme on pourrait le croire ; car ils nous ont été donnés par des géomètres qui ont fait le relevé des terrains.

Maintenant que nous avons donné les quantités d'alfa que nous possédons, et leur situation, nous allons dire un mot sur la nature des terrains qui les produisent et qui les entourent, et désigner les points où des usines de papeterie pourraient être avantageusement installées.

Nos contrées d'alfa diffèrent beaucoup de celles des autres provinces : les provinces d'Alger et d'Oran en possèdent de grandes quantités qui sont situées, en grande partie, sur les frontières du désert du Sahara. De ce désert ardent viennent les chaleurs intenses qui rendent difficiles les travaux des glaneurs quand elles ne les arrêtent pas complétement. Pas d'eau, des puits en petit nombre, de 30 à 40 mètres de profondeur, qui ne peuvent suffire à abreuver les quelques troupeaux qui viennent paître la petite herbe qui se trouve avec l'alfa. En un mot, c'est une nature sèche et aride. La subdivision de Batna, au contraire, possède une grande quantité de cours d'eau, en partie au pied des champs d'alfa ou les traversant.

La rivière de l'Oued-Chaba se trouve à 10 kilomètres de Batna, traverse des champs d'alfa considérables et ne tarit jamais.

Le village d'Aïn-Touta, dont le territoire possède 125,000 hectares d'alfa, est traversé par plusieurs cours d'eau.

Le village d'El-Kantara, dont l'alfa est des plus beaux, possède aussi de nombreux cours d'eau.

L'Oued-Chemora, qui se trouve à l'est de Batna, cours d'eau considerable sur lequel plusieurs usines sont déjà établies, traverse aussi ou longe de grandes quantités d'alfa.

On ne peut faire autrement que de conclure en présence des faits que nous signalons, et dont l'authenticité ne peut être contestée, que la subdivision de Batna offre plus de ressources pour l'exploitation des alfas que les deux autres provinces.

Côte à côte avec les champs d'alfa, existent de grandes étendues de terrains propres à toutes les cultures, jouissant des mêmes prérogatives que les champs d'alfa; c'est-à-dire sillonnés par de nombreux cours d'eau. L'européen, avec cent soixante-cinq jours, peut travailler la concession qui lui sera accordée, et pourra disposer de deux cents jours au travail de l'alfa, travail qui sera assez rémunérateur pour lui permettre d'élever sa famille et d'attendre sans crainte une récolte qui, malheureusement, ne répond pas toujours aux désirs du cultivateur qui y a consacré et son travail et ses avances. Ne craignant plus les suites d'une mauvaise récolte, suites souvent désastreuses et qui viennent jeter, avec le découragement, la misère dans beaucoup de familles, le colon travaillera avec courage, et, au bout de quelques années, arrivera à acquérir une petite fortune; le pays lui plaira ainsi qu'à ses enfants, conséquence forcée du bien-être qu'il aura su obtenir à force de travail et de persévérance. Où, primitivement, on ne voyait que quelques maisons isolées, on verra bientôt un village qui deviendra lui-même une ville, qui, plus tard, acquerra une importance considérable. Voilà les vrais moyens de colonisation qu'on devrait employer, les seuls qui peuvent amener un résultat certain. Les immigrants, confiants dans cet avenir, arrive-raient par centaines et par milliers, et cette nouvelle patrie leur deviendrait bientôt plus chère que l'ancienne; la nou-velle patrie leur donnant des moyens d'existence que l'an-cienne ne pourrait plus leur procurer.

Les exploitations d'alfa, faites par des compagnies à grands capitaux, nous feront ouvrir des routes, bâtir des villages et nécessiteront un grand nombre d'équipages pour transport du lieu de production au lieu d'exploitation; une foule d'ouvriers s'empresseront de venir chercher un travail certain et rémunérateur; des fabriques des différents tra-vaux que l'on peut exécuter avec de l'alfa s'établiront, des papeteries seront créées aux points que nous désignerons plus tard. En un mot, notre pays deviendra une vraie Californie, qui sera encore au-dessus de celle dont il est tant parlé, par le fait qu'elle sera à jamais inépuisable; la source de ses productions ne tarira jamais; elles deviendront au contraire plus riches, plus elles seront exploitées; tandis que la Cali-fornie possède, il est vrai, des mines d'or, mais qui commencent à s'épuiser. L'or ne repousse pas, et peut-être,

dans un temps plus ou moins éloigné, aura-t-il disparu entièrement. L'alfa, au contraire, repousse toujours, et, comme
nous le disions, plus beau, plus long et de meilleure qualité,
plus il est arraché. Dans cent ans, au lieu d'avoir diminué,
sa valeur en quantité, puis en qualité, aura doublé, triplé
peut-être.

La consommation toujours croissante de l'alfa nous
empêche de craindre que la production en soit arrêtée par
le manque d'écoulement. Tous les jours, de nouvelles découvertes viennent lui trouver de nouveaux emplois, et la
destination qu'il a de remplacer avantageusement le chiffon,
tout en étant moins coûteux, lui assure, quand il sera bien
connu et apprécié, un débouché immense. Le chiffon devient
insuffisant et ne peut plus satisfaire aux besoins des nombreuses papeteries existantes, tant en France qu'à l'étranger.
La consommation énorme de papier qui se fait chaque année
augmente toujours, tandis que le chiffon n'augmente pas
(il semblerait, au contraire, qu'il diminue); l'alfa est appelé
à remplir cette lacune, et dans un avenir, peut-être peu
éloigné, il sera entièrement substitué aux chiffons. Notre
Afrique sera le fournisseur du monde entier. Déjà, des centaines de mille de tonnes de grains, blé et orge, s'exportent
tous les ans pour les besoins de la France et de l'étranger;
l'extension de la colonisation doublera, triplera propor-
tionnellement à l'exportation; nos relations avec la France,
déjà très-étendues, grandiront progressivement, et les trans-
actions, devenues plus faciles par la confiance que notre
grand commerce inspirera forcément, prendront des pro-
portions telles que l'Algérie et la France, quoique séparées
par la mer, ne feront qu'une seule et belle France, immense,
riche et puissante.

Nous avons parlé de l'alfa, de sa qualité, de la quantité
qu'en possède la subdivision de Batna, et de son emploi;

nous allons maintenant calculer la main-d'œuvre qui nous sera nécessaire.

Nous estimons, pour le moment à cent mille tonnes la quantité d'alfa qui sera exploitée par année et que la subdivision de Batna peut fournir. Environ 7,000 ouvriers sont nécessaires : 3,500 indigènes qui serviraient à l'arracher ; et 3,500 européens pour le faire sécher, le trier, le presser et le mettre en balles, prêt à être expédié. Une partie de ces travaux peut se faire sur place, et l'autre partie près des gares, lieux ou l'on fait subir à l'alfa les dernières préparations pour être livré au commerce.

La main-d'œuvre indigène étant peu coûteuse et faisant les travaux les plus pénibles, on ne saurait trop faire pour l'attirer et engager l'Arabe, d'un naturel voyageur, à se fixer parmi nous, en lui faisant paître ses troupeaux dans l'alfa auquel ils ne causent aucun dégât, ne mangeant que la petite herbe qui se trouve à côté.

Passons au prix de revient et au prix d'estimation de nos alfas.

Un ouvrier habile et laborieux, arabe ou européen, en travaillant dix heures par jour, peut arracher 300 kilogrammes d'alfa vert, non trié, desquels il peut déduire pour déchet ou triage le 30 °/₀ ; il reste alors d'alfa vendable et de choix, 210 kilogrammes. En supposant à cet ouvrier deux cents jours de travail par année, il extraira 42 tonnes d'alfa ; mais ceci ne peut s'appliquer qu'à un bon ouvrier. Nous ne pouvons pas exiger d'un ouvrier ordinaire, d'une femme, d'un vieillard ou d'un adulte, autant de travail. Prenons donc une moyenne, nos arriverons au chiffre déjà donné, c'est-à-dire trois mille cinq cents de tout âge et de tout sexe pour l'extraction, et le même nombre pour le sécher, le trier, le presser, l'emballer et enfin le transporter du lieu de production sur nos marchés, soit donc comme total sept mille ouvriers.

Le prix de la tonne d'alfa rendu au port d'embarquement sera de :

Prix d'achat : 3 fr. 50 le q/m., soit la tonne. . . Fr. 35

Triage et déchet : 1 fr. 50 le q/m., soit la tonne . . . 15

Transport du lieu d'achat à Batna : 3 francs le q/m., soit la tonne 30

Pressage et compression des balles, fer compris, 1 fr. le q/m., soit la tonne 10

Transport de Batna à la mer : 0,24 cent. par tonne et par kilomètre, soit le q/m., 2 fr. 40 c. 24

TOTAL . . . . . Fr. 114

Voilà le prix de revient exact de nos alfas de toutes qualités ; nous allons dire maintenant leur valeur comme vente.

Il doivent être classés dans trois catégories : 1° l'alfa moyen ; 2° l'alfa d'une belle longueur ; 3° l'alfa très-long, mesurant de 1^{m}10 à 1^{m}20. La première de ces catégories, c'est-à-dire l'alfa moyen, se vend 160 francs la tonne ; la deuxième 190 francs ; et la troisième, c'est-à-dire la plus longue, est payée par les Espagnols jusqu'à 200 francs la tonne. Il est bien entendu que tous ces prix sont pour marchandises sur quai, c'est-dire rendues au port d'embarcation.

Nous avons parlé des points où l'on pourrait établir avantageusement des papeteries ; nous allons en donner le détail :

1° A l'Oued-Chaba ;

2° A Aïn-Touta ;

3° A El-Kantara ;

4° A Chemora.

Nous citerions encore bien d'autres points réunissant toutes les conditions demandées pour ces sortes d'usines; mais nous nous contenterons de parler de ces quatre qui, plus que tout autre, par leur position au centre des alfas, par leur possession de cours d'eau, ayant une force suffisante pour faire mouvoir une roue hydraulique, en toute saison, par leur position géographique, par les moyens de communication existant déjà, et reliant ces pays à Batna, semblent par leur création avoir été destinés à cet usage; en un mot, ils offrent des ressources certaines et exceptionnelles, qui ne se rencontrent que dans notre pays.

Il est fort possible que, dans les nouvelles découvertes que l'on fera sur l'emploi de ce textile, on arrive à en faire des traverses pour chemin de fer, l'alfa ayant la propriété de résister à l'humidité.

BOIS

Arrivons au bois de chauffage et de construction.

Sous ce rapport, notre subdivision de Batna est immensément riche; peu de contrées peuvent rivaliser avec elle. Des forêts à perte de vue et où, dans une grande partie, la hache n'a jamais paru. Environ 400,000 hectares de bois sont exploitables; elles entourent Batna ou sont à des distances relativement peu considérables. Le chêne vert, à glands doux et émail doré, le pin d'Alep, le cèdre et même le genévrier y sont en grande abondance.

Notre bois de chêne vert, par sa dureté, par ses pores serrés, est reconnu d'une longue durée; il en a été fait des essais en France. Depuis sept années, des pièces de ce bois sont sous terre et encore intactes ; on leur suppose une durée de neuf à dix années ; il serait donc, sous ce rapport, tout-à-fait propice pour faire des traverses de chemin de fer ; car celles qui sont employées en France n'ont pas une durée de plus de trois années. Nous arrêtant au chiffre de neuf années, qui n'est pas exagéré, nous dirons : la traverse en bois de France coûte 7 fr. 50 cent. ; elle coûte donc 2 fr. 50 cent. par année.

Cherchons combien coûtera une traverse faite avec notre bois :

Abattage, tronçonnage et léger équarrissage. . . . . . Fr.	0 90	
Un trait de scie pour refendre en deux.	1 »	2 fr. 10 cent. pour 2 traverses.
Redevance à l'État.	0 20	

Une traverse de la forêt reviendra donc à . . . . Fr.   1 05
Transport de la forêt à Batna . . . .   1 »
Frais de chargement et de déchargement à Batna. .   0 15
Transport par voie ferrée de Batna à Philippeville. .   1 60
Transport de Philippeville à Marseille. 0 90
Commission à Philippeville et embarquement 0 40

Total . . . . Fr.   5 10

Une traverse, faite de notre bois, coûtera donc 5 fr. 10 c., et ayant une durée de neuf années, reviendra à 57 centimes par an, d'où il s'ensuit en faveur de notre traverse une différence de 1 fr. 93 c. par année. Il y aurait donc tout intérêt à employer nos traverses, dont nous pouvons fournir chaque année des quantités considérables ; encore n'avons-nous pas calculé les frais d'enlèvement et de pose nécessités tous les trois ans pour les traverses de France, et seulement tous les neuf ans pour la traverse d'Afrique, avantage de plus que possède cette dernière.

Estimons à 500 hectares la quantité de bois de chêne qui pourra s'exploiter par année; le minimum de traverses que fournira un hectare sera de 2,000; bien des contrées en fourniront certainement 3,000 et même 4,000 par hectare. Mais arrêtons-nous à ce chiffre de 2,000. 500 hectares fourniront donc 1,000,000 de traverses par année, qui coûteront d'exploitation 2,400,000 francs de moins que celles de France, et par suite de leur longue durée, triple de celles de France, reviendront encore à 1,930,000 francs de moins que ces dernières.

Avec l'exploitation de la traverse pour chemin de fer, nous aurons celle du bois de chauffage, qui comprendra les bois impropres au service de la traverse, soit qu'ils soient trop tordus, soit qu'ils n'aient pas la longueur ou la force nécessaire, puis enfin les extrémités ou rognures.

Ce bois est de très-bonne qualité; il est très-estimé pour le chauffage des machines, et l'on pourrait s'en procurer de grandes quantités que l'on peut estimer à 60,000 tonnes.

Un Anglais, pénétré de la valeur immense de nos bois de chauffage, a voulu demander la concession de tous les bois de chauffage de l'Algérie et principalement de ceux de Batna. Venu dans notre ville pour prendre des renseignements, il a répondu à une personne qui lui demandait quel usage il voulait faire de tout ce bois. « Si on me le concède, « je ferai un chemin de fer *exprès* pour transporter ce bois « en Europe; le charbon devient de plus en plus cher; la « production ne marche plus de front avec la consommation « et je vois que le charbon de terre va nous faire défaut, et « déjà le prix en est très-élevé. Ce bois serait donc destiné « à le remplacer et à chauffer les machines avec avantage. »

Nous sommes tenté de croire que cet Anglais avait raisonné sérieusement cette entreprise, et, en effet, le prix du quintal métrique de bois de chauffage rendu sur le littoral est de :

Abattage, tronçonnage de 25 à 30 centimètres de longueur . . . . Fr.   0 30
Refendre celui qui est trop gros 0 25
Transport de la forêt à Batna . . . .   1 »
Frais de chargement, de déchargement à Batna . .   0 10
Transport de Batna sur le littoral 1 50

                        Total 3 15

Si mes calculs sont justes, le bois de Batna reviendrait, rendu sur le port d'embarcation de Philippeville, à 3 fr. 15 c. le quintal métrique, et en ajoutant 90 centimes pour prix de transport jusqu'à Marseille, ce bois arrivé dans cette dernière ville reviendrait à 4 fr. 05 c., tandis que le charbon revient à 6 francs et quelques centimes, et en supposant que les deux combustibles fasse le même usage, l'emploi du bois donnerait une économie ou bénéfice de plus de 2 francs par quintal, ce qui serait énorme et justifierait pleinement la spéculation qu'avait en vue l'Anglais dont nous avons parlé.

L'exploitation ne peut être arrêtée par suite du manque de coupe, car nos forêts sont inépuisables; le bois, comme l'alfa, repousse, et, vingt ans après son exploitation, il sera plus puissant et plus abondant que jamais. Débarrassées du bois mort et des arbres séculaires qui gênent la végétation des jeunes pousses, nos forêts deviendront de toute beauté et étonneront, par la richesse de leurs productions en bois de toutes natures, le monde entier auquel elles seront livrées.

Le cèdre et le pin d'Alep, très-communs dans nos forêts, sont aussi de grande valeur. Ce dernier bois, très-serré et

très-chargé d'essence de térébenthine, rivalise avantageusement avec celui de France. Quoique moins riche en essence
que le chêne vert, à cause de la grande quantité que nous
en possédons, on en retire tout de même chaque année
pour des sommes assez importantes, qui augmenteront en
proportion de l'exploitation qui en sera faite. C'est une
source intarissable qui grandira chaque année et qui sera
appelée plus tard à approvisionner la France et l'étranger.

Le cèdre, bois de construction, jouissant d'une grande
réputation partout où il est employé, se trouve aussi en
grande quantité dans nos forêts. Au Djebel-Tuggurt, à 5 kilomètres de Batna, et à Ksar-Bélezema, à 10 kilomètres plus
loin, existent des forêts de cèdres magnifiques, très-épaisses
et qui ne demandent qu'à être exploitées.

Aux montagnes de l'Aurès, à 20 ou 25 kilomètres de
Batna, existe aussi une belle forêt de cèdres, qui ne le cèdent
en rien à ceux du Djebel-Tuggurt. Tout près se trouve un
énorme massif de chênes verts de toute beauté, qui seraient
très-propres à faire des traverses de chemin de fer.

Sur la route de Batna à Krenchela existe encore une
vaste forêt de cèdres qui n'a jamais été exploitée. Il y en a
encore d'autres connues ou non connues, dont nous ne par-
lerons pas; celles que nous avons nommées étant inépuisables, l'exploitation ne fera que les embellir et les rendre
plus puissantes.

Tous ces bois de cèdre sont propres à la construction;
mais particulièrement à l'usage de la traverse pour chemin
de fer, à cause de sa résistance à l'humidité. Il y a quelques
années, en faisant des fouilles pour faire un moulin à Lam-
bèse, on a trouvé du bois de cèdre qui datait du temps des
Romains et qui s'était assez bien conservé dans l'eau. Ce
fait est authentique; une personne des plus honorables de
Constantine en ayant été témoin et pouvant l'attester au

besoin. Les forêts sont en si grande abondance dans notre subdivision que, de temps en temps, on en découvre dont on ne soupçonnait pas même l'existence. Dans les montagnes de Bougares, près du village de Taghourt El-Outani, à 70 kilomètres de Batna, on vient de découvrir une forêt de cèdres et de pins d'Alep sur une longueur de 25 à 30 kilomètres.

Le pin d'Alep, qui y domine, est très-riche en essence de térébenthine, et le cèdre est de première qualité.

Une autre qualité de bois dont nous n'avons pas parlé encore, et que notre subdivision possède, c'est le *cèdre rouge*, auquel les Romains donnaient le nom de *Cytrus*. Le cèdre rouge est un bois riche et précieux, qui sert à la fabrication des crayons, des meubles de prix, des manches de piano et à bien d'autres industries, dont l'énumération serait trop longue. Jusqu'à nos jours, la consommation de ce bois a été entretenue par la Floride, seul pays connu pour en posséder. De récentes découvertes sont venues nous assurer que nos montagnes possèdent de ce bois rare ; quelques-unes en sont couvertes : nous pouvons donc rivaliser avantageusement avec la Floride pour la fourniture de ce bois, que nous pourrions faire à des conditions bien meilleures, en raison de la grande différence de transport.

Il pourrait aussi se faire un commerce important de goudron, dont nos forêts peuvent fournir de grandes quantités. Tous les résidus de cèdre, les bois morts, ainsi que tous ceux qui sont impropres aux usages ci-dessus mentionnés, pourraient être convertis en goudron, en même temps qu'ils nettoieraient les forêts ; ce serait une branche d'industrie de plus ainsi qu'un revenu pour le pays.

MINES

Nous arrivons aux minerais.

La subdivision de Batna possède à elle seule plus de mines que toute l'Afrique, même la France et probablement une partie de l'Europe.

Parlons de quelques essais connus au Djebel-Tuggurt : une mine de cuivre auro-argentifère apparente sur 7 kilomètres de longueur, cuivre premier choix, exempt d'arsenic, comme l'ont constaté différentes analyses faites par divers ingénieurs. Cette mine prend naissance à 5 kilomètres de Batna et finit à 12 ou 13 kilomètres. Il y a une bonne route ; la mine est d'un accès facile et les vagons pourront facilement y arriver. Sa teneur, d'après les analyses dont il est parlé, est de 12, 14, 15 et jusqu'à 19 °/₀ de cuivre, 450 grammes d'argent et quelques grammes d'or. Toutes ces analyses ne donnent pas une teneur bien certaine, par la raison qu'on envoie des échantillons choisis ; mais ce qu'il y a de certain, c'est que 47 tonnes de ce minerai ont été envoyées en Angleterre et ont donné, après la manipulation de métallurgie déduite, un produit net de 87 francs par tonne. L'extraction et le transport de Batna à Philippeville ont presque tout absorbé. Le transport par charrettes de Batna à Philippeville a coûté de 75 à 80 francs la tonne, tandis que, par la voie ferrée, ce même transport aurait à peine coûté 40 à 45 francs et encore en y comprenant l'extraction. La différence serait un bénéfice réel qui, multiplié par 60 ou 80,000 tonnes qui pourraient être extraites par année donnerait un bénéfice énorme et réalisable chaque année, pendant des siècles, sans jamais s'épuiser. Nos calculs peuvent être ici un peu exagérés, mais il n'en est pas moins vrai que de grands bénéfices seraient réalisés ; et c'est l'avis de M. Tissot, ingénieur des mines de la province, qui a un grand espoir pour l'exploitation de cette mine avec la voie ferrée. C'est une affaire sérieuse et de grand avenir. Toujours au Djebel-Tuggurt, à côté du cuivre, sur la partie la plus rapprochée de Batna, se trouve un amas de fer oligiste et manganèse d'une très-grande richesse comme qualité et quantité ; l'extraction en sera facile et le transport en gare de Batna peu coûteux. Un glissoir peut descendre le minerai de la mine au pied de la montagne ; une pente douce de 6 kilomètres l'amènera en gare au moyen d'un tramway qui pourrait être construit à cet effet ou par tout autre moyen reconnu moins coûteux et plus avantageux.

Toujours au Djebel-Tuggurt et près de la mine de fer, vient de se découvrir une belle mine de plomb. Par sa position, elle se trouve encore plus près de Batna que la mine de fer. L'extraction en sera un peu plus difficile ; mais, en résumé, les prix ne seront guère plus élevés.

Aux environs et sur les lieux mêmes, le bois se trouve en abondance ; le chêne vert et le genévrier pour chauffer, et le cèdre pour construire.

Plusieurs fontaines abondantes en toutes saisons sont assez rapprochées de ces gisements et ne feront jamais défaut.

Si l'exploitation de ces différents minerais devait se faire sur place, elle pourrait se faire dans les meilleures conditions ; l'eau et le bois, par leur proximité, en rendraient l'exportation facile et peu coûteuse.

Ces mines du Djebel-Tuggurt sont appelées à être les mines les plus sérieuses de l'Afrique. Déjà celle de cuivre, d'après le rapport de M. Tissot, confirmé par celui de

M. Ville, chef du Service des Mines d'Alger, jouit de cette considération.

Celle de fer et celle de plomb, découvertes plus tard, ne seront pas inférieures à celle de cuivre, et la même appréciation en sera faite dès qu'elles seront connues.

Arrive le Djebel-Fora, à distance de 7 à 8 kilomètres de la voie ferrée projetée. Des galènes de plomb argentifère sont apparentes sur une grande étendue en longueur et sur une largeur de 5 à 6 mètres. Maintenant, je n'en connais pas bien la teneur. Une analyse m'a donné de 48 à 50 °/₀ de plomb et assez d'argent ; mais une seule analyse ne pourrait sûrement fixer une teneur ; il peut se faire qu'elle soit moindre ou plus élevée. Une première fusion pourrait se faire sur place, le bois étant très-abondant à quelques mètres des galènes de plomb. Plusieurs affleurements de cuivre auro-argentifère se trouvent à côté. Il n'a pas encore été fait de recherches assez sérieuses pour découvrir la puissance de leurs filons. D'après l'avis de M. Canquand, ce terrain, qu'il a vu et visité, est excessivement riche en minerais. A la suite de ces gisements et affleurements, se rencontre le fer oligiste en grande abondance. Si ce métal peut supporter la distance qui le sépare de la mer, on peut en sortir quelques milliers de tonnes.

Sur la même montagne, et dans sa continuation, en s'éloignant de la loi projetée, il existe d'autres gisements de cuivre, à trois endroits, qui ont été exploités par les Romains. Des galeries, des souterrains existent et ne demandent qu'à fonctionner de nouveau.

On connaît encore, tout près de la voie projetée, d'autres affleurements de plomb, de cuivre, d'antimoine; mais aucuns travaux n'ont été faits pour connaître leur teneur et leur valeur.

Deux autres gisements de fer sont tout-à-fait à proximité

de la voie projetée : l'un au Djebel-Fesdis, à 2,000 mètres de distance, et l'autre, à 3,000 mètres.

Dans les montagnes du Djebel-Ras-Pharaoun et Ras-Sardoun existent des masses de gisements de baryte, qui vont de l'Est à l'Ouest et du Sud au Nord, sur de grandes longueurs et sur des épaisseurs de 2, 3 et jusqu'à 6 mètres de largeur. Comme la baryte est l'écume des métaux, il est à présumer que des fouilles amèneront la découverte de mines aussi riches et aussi puissantes que celles qui sont déjà connues.

Trois ou quatre gisements de cuivre sont apparents au pied de ces montagnes. Les analyses qui ont été faites leur ont trouvé une riche teneur en cuivre et en argent ; une de ces analyses a donné 33 kilogrammes cuivre et 372 grammes argent pour 100 kilogrammes de minerai. Plusieurs gisements de plomb sont aussi apparents, assez riches comme plomb, dont la teneur est de 78 $^o/_o$, mais ils contiennent peu d'argent.

Il existe encore un filon de plomb humide, que les Romains ont exploité et que les Arabes n'ont pas encore voulu faire connaître, mais qu'on retrouvera.

Les Romains avaient fait une masse de tuyaux pour mener l'eau dans les villages et pour remplir leurs citernes ; ces tuyaux sont encore sous terre, et le plomb n'est pas même désargenté ; on pourrait en retirer 12 fr. $^o/_o$ d'argent sur 100 kilogrammes de plomb.

Tous ces derniers gisements du Ras-Pharaoun et du Ras-Sardoun sont un peu éloignés de Batna, et, sans moyens de transport rapides, il ne faut pas songer à leur exploitation. Ce sont de grandes fortunes qui dorment, mais qui auront leur tour d'existence.

Près de Tayout-el-Ousani, village situé à environ 70 kilomètres, au Sud-Ouest de Batna, a été découverte, récemment, une mine de mercure aussi riche qu'abondante. Déjà trente-cinq ouvriers sont employés à l'extraction du cinabre, et, sous peu, ce nombre sera doublé. Cette mine de mercure, achetée par une Société anglaise qui va en faire l'exploitation, rivalise de richesse avec celles d'Espagne et celles d'Amérique; des échantillons, envoyés à l'analyse à Paris et à Londres, ont donné jusqu'à 30 °/₀ de mercure. En admettant le choix des morceaux de minerai qui ont été analysés, malgré qu'ils aient été pris au hasard, le 15 et même le 10 °/₀ donnerait encore des bénéfices considérables et assurés pour de longues années.

Cette mine doit se manipuler sur les lieux. Trop loin pour qu'on puisse en apporter le cinabre à Batna, la manipulation doit donc se faire sur place, et le transport du mercure aura aura lieu à dos de mulets jusqu'à Batna.

Il y a de plus quelques endroits renfermant du minerai de zinc; il en a été apporté par un arabe à M. Tissot. On ne connaît pas positivement l'individu qui a fait ce don; mais il habite la subdivision de Batna, et il serait facile de découvrir ces gisements.

ALBATRES

El-Kantara, pays d'alfa, dont nous avons déjà parlé, possède encore dans ses environs des albâtres de toute beauté; on pourrait en extraire chaque année de grandes quantités. Ces albâtres blancs et colorés sont de première qualité, et avec les facilités de transport que nous donnera la voie ferrée, ils sont appelés à se faire connaître en France et à l'étranger.

CÉRÉALES

Notre halle aux céréales, bien qu'elle ne soit pas d'une grande importance, par suite de l'écart qu'on est obligé de faire subir au blé et à l'orge pour le transporter à Constantine, écart qui est de 7 ou 8 francs par charge et que l'Arabe gagne en portant lui-même ses denrées dans cette dernière ville ; il s'est, malgré cela, transporté l'année dernière environ 10,000 tonnes.

Mais dès que la voie ferrée nous procurera ses transports rapides et peu coûteux, l'Arabe producteur n'ira plus porter son blé et son orge sur le marché de Constantine, mais l'apportera sur celui de Batna, bien plus rapproché. L'indigène double ses cultures chaque année, et plus il aura la facilité d'enlever ses produits, plus il nous fournira des céréales. Après une ou deux années d'existence, la voie ferrée enlèvera de Batna 140 à 150,000 tonnes de céréales. Je dis ce chiffre, qui est relativement élevé comparé au chiffre actuel ; mais il est justifié par le grand espace qui nous entoure : 150 lieues vers le Sud ; 75 à 80 vers l'Est, ainsi que vers l'Ouest et le Nord ; tous terrains productifs dont les récoltes assureront à la voie ferrée des revenus importants qui croîtront chaque année, en proportion des cultures.

PRODUITS DU SUD

Le Sud possède aussi de grandes richesses auxquelles l'établissement de la voie ferrée sur Batna, en leur fournissant le transport, donnera une grande extension.

La plaine du Hodna est un pays très-riche pour la culture du coton. Des essais qui ont été faits ont obtenu des récompenses aux expositions de Londres et de Paris. 10,000 hectares environ peuvent actuellement être employés à cette culture et avec la continuation de l'œuvre des puits artésiens on pourrait l'étendre à l'infini.

La plaine d'El-Outaïa est aussi très-propre à la culture du coton. Depuis quinze ans, un brave et intrépide colon, M. Dufourg, s'applique à cette culture, et a déjà obtenu de très-beaux résultats. Une grande quantité de terre serait disponible ; une partie arrosable par le cours d'eau qui la traverse ; et l'autre partie par des puits avec norias que l'on pourrait y établir, afin de pouvoir livrer ces terrains à la colonisation. Au bout de quelques années, nos plaines cotonnières pourront rivaliser avec celles des autres pays et donneront un élément de plus à notre commerce, devenu de jour en jour plus considérable.

La plaine d'El-Fayet, aux environs de Biskra, possède environ 400,000 hectares disponibles et propres à toutes cultures ; les cotons de toutes espèces et de toutes couleurs, les plantes exotiques, les indigos argentins, les vanilles, les cannes à sucre, les cafés, le henné, y viennent très-bien et acquièrent toutes leurs propriétés.

Le henné y croît si abondamment qu'un hectare de cette plante rapporte jusqu'à 4,000 francs. Les Arabes en font une grande consommation.

Les arbres fruitiers de toutes espèces, et venant des pays les plus éloignés, s'y acclimatent aisément. En un mot, la richesse du terrain ne le cède qu'à la grande quantité dont on peut disposer.

A Sidi-Okba, un arabe à qui l'on a marchandé les fruits d'un oranger et d'un palmier a refusé 100 francs pour ceux de l'oranger, et 80 francs pour ceux du palmier. Pour refuser ces prix élevés, il fallait que ces fruits eussent nécessairement une valeur plus grande, ce qui nous donne une idée de la richesse de ce pays, où des milliers et même des millions de palmiers donnent chaque année des milliers de quintaux de dattes renommées en France et à l'étranger.

Non-seulement à Sidi-Okba, mais dans tout le Désert, de grandes quantités de palmiers, d'une riche production, fournissent à l'exploitation, annuellement, de grandes quantités de dattes qui s'expédient dans tous les pays.

J. PÉRÈS

MAIRE DE BATNA

A la très-remarquable brochure de M. Jean Pérès, maire de Batna, dictée par une longue expérience et connaissance parfaite du pays,

J'ajouterai à l'appui que :

Je viens de parcourir la province de Constantine jusqu'à Biskra, et, grâce aux moyens qui ont été gracieusement mis à ma disposition, j'ai pu faire un très-beau et intéressant voyage, surtout au point de vue commercial.

Grâce aussi aux nombreuses colonies que j'ai autrefois visitées, tant en Amérique, Australie, Java ou l'Inde je crois être très à même de pouvoir juger, comparer et donner une opinion sérieuse qu'il sera du reste facile de contrôler soi-même, par un court voyage, puisque soixante heures seulement suffisent pour aller de Paris à Batna ; ce n'est donc pas un de ces pays tellement éloignés et sauvages d'où l'on a rarement des nouvelles.

Un célèbre ingénieur anglais, M. Mac Candlish, étant venu pour examiner une ligne projetée de chemin de fer, disait, dans son rapport de fin décembre 1874 :

« L'Algérie est la plus riche colonie et le plus à proximité
« de l'Angleterre ; il est incompréhensible qu'on aille deman-
« der aux antipodes ce que l'on peut avoir si près et si faci-
« lement ; ses mines de toutes natures et ses produits agricoles
« sont d'une richesse fabuleuse ! »

Après avoir lu attentivement la brochure de M. Pérès, loin de la critiquer, j'en partage entièrement les données, et j'ajouterai qu'en arrivant à Batna, j'ai été fasciné par l'analogie de cette petite ville naissante avec plusieurs de celles que j'ai vues il y a trente ans en Amérique, et qui aujourd'hui, grâce aux chemins de fer et autres moyens de communication, sont devenues des centres de population très-importants.

Que le chemin de fer de Constantine à Batna se fasse donc promptement, et l'on verra, dans quelques années, si mes prédictions et celles de ce brave M. Pérès seront exagérées !

Batna, plus que toute autre ville de l'Algérie (et je le crois fermement), est appelée à un grand avenir, et ce, par les irréfragables raisons suivantes :

D'abord, Batna, par sa position géographique, située à douze cents mètres au-dessus de la mer, l'air y est plus pur, plus sain ; pendant l'hiver l'homme y puise une force vitale que les habitants du Tell, d'Alger ou d'Oran, constamment dans des températures relativement plus chaudes, ne peuvent avoir.

Batna possède en abondance l'eau et le bois qui manquent autre part ; lorsque le chemin de fer sera terminé, l'émigration s'y portera plus facilement, parce que les nouveaux colons y trouveront cent moyens et industries, pour s'occuper soit dans les bois, mines, agriculture, laines, alfas, etc., etc.

Pour moi, Batna est une nouvelle Californie avec le grand avantage d'être à deux pas de la France ; ceux qui s'y établiront avant ou en même temps que le chemin de fer y feront fortune !

C'est ce manque de communication, comme le dit fort bien M. Pérès, qui a été la cause du délaissement et de la stagnation de Batna, richissime en tous genres, mais ne pouvant exploiter ses trésors, faute de moyens de transports faciles.

Mon but n'est pas, en écrivant ces lignes, de vouloir tracer simplement l'éloge d'un vieux colon qui connaît son département et Batna depuis sa création (1838), car il y construisit la première maison en maçonnerie, et à qui on doit déjà tant , ne serait-ce que pour avoir risqué et sacrifié sa fortune, en 1868, pendant la famine, pour sauver des milliers d'Arabes qui lui doivent la vie, mais qui ne se pressent pas de le rembourser!

Cependant je ne puis m'empêcher de dire que M. Pérès a ajouté encore un fleuron à la gratitude que lui devront ses concitoyens en faisant connaître Batna comme il l'a fait par sa brochure, et avoir attiré l'attention des capitalistes qui viennent d'obtenir du Gouverne nent la concession du chemin de fer de Constantine à Batna. Espérons donc que MM. Joret, de Paris, qui en sont concessionnaires, se mettront hardiment et promptement à l'ouvrage, car nous sommes tous bien impatients de voir cette ligne ouverte.

Il existe déjà en Algérie des Sociétés très-importantes, dont le but est de faire des opérations de banque : il y a des agences d'assurances, des consignataires, des banques agricoles, des négociants, spéculateurs, exploiteurs de forêts liége, de mines, de bois, etc., etc. Mais il n'y a pas, à proprement dire, de société industrielle comme sera la

SOCIÉTÉ INDUSTRIELLE, MINIÈRE ET FORESTIÈRE DE BATNA

C'est le but que je me propose et dont je désire développer l'idée dans la présente brochure.

Le chemin de fer est concédé ; dix compagnies françaises et anglaises se le sont disputé, il n'y a donc plus de doute, il se fera !

Il s'agit donc de se préparer pour, dès son ouverture, dans quelques années, être en mesure de pouvoir exploiter les richesses forestières et minières des environs de Batna ; donc une Société formée dans ce but, non pas avec des capitaux exagérés qui mangent tous les bénéfices en intérêts avant même la mise en exploitation, mais au capital de *cinq millions* dont un quart ou moitié de versé et le restant au fur et à mesure des besoins ;

Cette Société ferait d'excellentes affaires industrielles, mais il conviendra de lui interdire toute affaire de banque ou d'escompte; se bornant à des exploitations dans le cercle de Batna elle rendrait d'énormes services, d'abord :

Au département dont elle ranimerait le commerce et y attirerait de nombreux colons en leur fournissant du travail;

Puis ensuite

A l'État, auquel elle procurerait des revenus par les redevances des forêts qu'en outre elle améliorerait et entretiendrait.

Enfin, cette Société assurera au chemin de fer un énorme charroi et trafic dont les entrepreneurs actuels comprennent déjà toute l'importance.

Les forêts sans fins et archicentenaires que l'État possède dans les environs de Batna exigent impérieusement des soins intelligents tels que l'élagage, et de l'air surtout pour permettre aux jeunes arbres de pousser sous peine de pourriture et de pertes réelles; de plus l'ennemi le plus terrible, l'incendie, est toujours à craindre ! Mais pour obvier à tout cela, l'Etat n'est pas en mesure par ses propres ressources, n'ayant pas de capitaux à cet usage, de faire soigner ses forêts comme elles devraient l'être et en tirer des revenus; la seule combinaison profitable pour chacun, c'est de donner des concessions à l'industrie, moyennant redevances.

Des milliers et milliers d'hectares d'alfa sont de même des valeurs improductives pour l'État, mais, cédés à la présente Compagnie, sous la direction de l'habile ingénieur et inventeur M. Jus, dont les produits d'alfas ont fait tant de sensation à l'exposition de Vienne et actuellement à celle de Paris, pourrait monter cette industrie sur un grand pied.

En sus des bois et alfas appartenant à l'État, il y a les nombreuses mines de cuivre, plomb argentifère, dont la brochure Pérès parle et dont plusieurs nous appartiennent déjà et pour lesquelles la Société pourra décider de l'opportunité d'exploitation ou de cession à d'autres Compagnies.

La Société *Industrielle Minière et Forestière* de Batna, fondée sur des bases solides et honnêtes, avec des hommes connus, intelligents et intègres, éloignant toute spéculation de hasard et ne s'écartant pas de son but industriel, est appelée à un grand succès, et bien qu'elle ne pourra entrer en exploitation réelle que lorsque le chemin de fer marchera, on peut cependant, dès à présent, se mettre à l'œuvre pour organiser les nombreux détails d'installation que pareille entreprise comporte, afin qu'elle soit prête depuis longtemps à marcher lorsque le chemin de fer s'ouvrira. Dès lors, les produits de Batna, grains, bois, laine, sel, minerais, alfa, arriveront facilement sur les divers marchés de l'Algérie et de la France.

Le but de la Société sera donc d'installer de vastes chantiers à Batna et dans ses environs, y réunissant toutes les machines à vapeur et autres, tous les outils les plus pratiques, les plus perfectionnés, les plus économiques, pour l'exploitation des forêts qu'elle aura pu obtenir du Gouvernement;

Puis, la construction de plusieurs usines et presses hydrauliques pour l'exploitation de l'alfa par les procédés Jus pour la pâte à papier, la tapisserie, la vannerie, la corderie, la sparterie, etc., etc.

Dès lors, en peu d'années, Batna deviendra trop petit pour maintenir la masse de ses habitants, croyez-le!

Je puis me tromper; néanmoins, je certifie que je suis dans le vrai et cela sans exagération.

Aussi, j'espère trouver facilement quelques amis prêts à me seconder dans cette noble et sérieuse entreprise que le Gouvernement verra avec plaisir se fonder, autant pour l'avenir du pays qu'y étant pécuniairement intéressé par les revenus et location qu'il en retirera.

EUG. DELESSERT

ALGER

Paris, Chaussée d'Antin, 10.

DEMANDES EN CONCESSION

POUR L'EXPLOITATION DE

25,000 hectares de forêts, environs de Lambessa, pour bois de *chauffage*, au prix de fr.   l'hectare.

25,000 hectares de bois de *Chêne* pour traverses de chemin de fer, bois de construction, etc., au prix de fr.   l'hectare.

100,000 mètres cubes, bois de *Cèdre*, pour construction, au prix de fr.   par mètre.

10,000 hectares de *Pin d'Alep*, au prix de fr.   par hectare.

150,000 hectares d'*Alfa*, au prix de fr.   par tonne.

DANS LA

PROVINCE DE CONSTANTINE

SUBDIVISION DE BATNA

Forêts de LAMBESSA et autres

5206. — Paris. — Imp. Ve Ethiou-Pérou, rue Damiette, et 4.